Impressum
Verlag: BABADADA GmbH, Nedderfeld 112 , 22529 Hamburg
Geschäftsführer / Verlagsleitung: Harald Hof
Druck: Books on Demand GmbH, In de Tarpen 42, 22848 Norderstedt

Imprint
Publisher: BABADADA GmbH, Nedderfeld 112 , 22529 Hamburg, Germany
Managing Director / Publishing direction: Harald Hof
Print: Books on Demand GmbH, In de Tarpen 42, 22848 Norderstedt, Germany

School
школа

Klassenstuuv
класна кімната

delen
ділити

186/2

Tafel
дошка

Schoolhoff
шкільний двір

Schoolmeester
вчитель

Papeer
папір

schrieven
писати

Sticken
ручка

Schrievdisch
письмовий стіл

Lienholt
лінійка

Book
книга

Schöler
учень

Ranzel

ранець

Feddermapp

пенал

Bleesticken

олівець

Scharpmaker

точило

Radeergummi

гумка

Tekenblock

альбом для малювання

Teken

малюнок

Pinsel

пензель

Malkassen

коробка фарб

Scheer

ножиці

Klever

клей

Heft to'n Öven

зошит

Huusopgaav

домашнє завдання

Tall

число

tohooptellen

додавати

aftrecken

віднімати

malnehmen

множити

reken

рахувати

Bookstaav

літера

ABC

абетка

Woort

слово

Text

текст

lesen

читати

Kried

крейда

Stunn

година

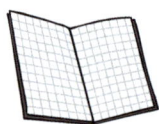

Klassenbook

класний журнал

Pröven

екзамен

Tüügnis

диплом

Schooluniform

шкільна форма

Utbillen

освіта

Nakieksel

лексикон

Universität

університет

Mikroskop

мікроскоп

Koort

карта

Papeerkorf

кошик для паперу

Törn

подорож

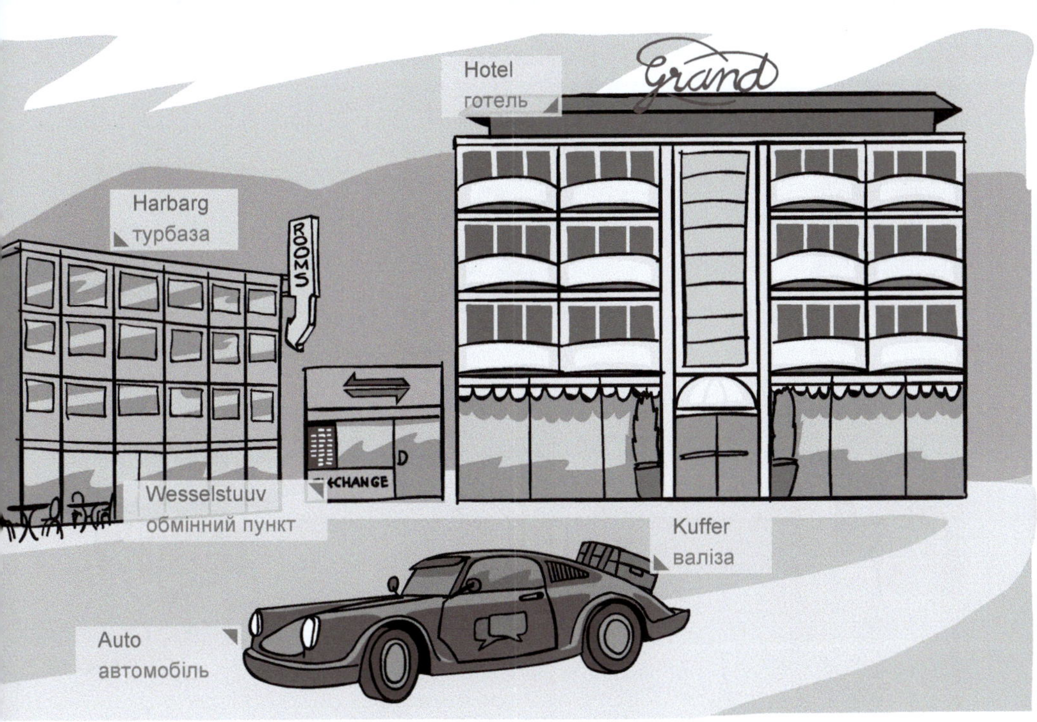
Hotel
готель
Grand
Harbarg
турбаза
ROOMS
Wesselstuuv
обмінний пункт
EXCHANGE
Kuffer
валіза
Auto
автомобіль

Spraak
мова

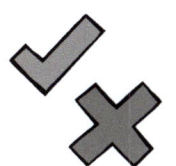

jo / ne
так / ні

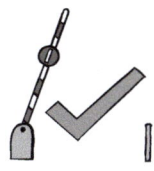

Jo
добре

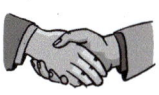

Moin
привіт

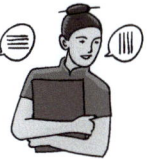

Översetter
перекладач

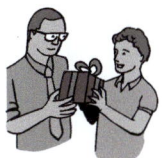

Dank ok
дякую

Wat kost…?

Скільки коштує …?

Ik verstah nich

Я не розумію

Problem

проблема

Goden Avend

Добрий вечір!

Moin!

Доброго ранку!

Gode Nacht!

На добраніч!

Tschüüs

До побачення

Richt

напрямок

Bagaasch

багаж

Tasch

сумка

Rüchsack

рюкзак

Gast

гість

Stuuv

кімната

Slaapsack

спальний мішок

Telt

намет

Touristeninformatschoon

туристична інформація

Strand

пляж

Kreditkoort

кредитна картка

Fröhstück

сніданок

Meddageten

обід

Avendeten

вечеря

Fohrkort

квиток

Fohrstohl

ліфт

Breefmark

поштова марка

Grenz

межа

Toll

митниця

Bottschop

посольство

Visum

віза

Pass

паспорт

Transport

транспорт

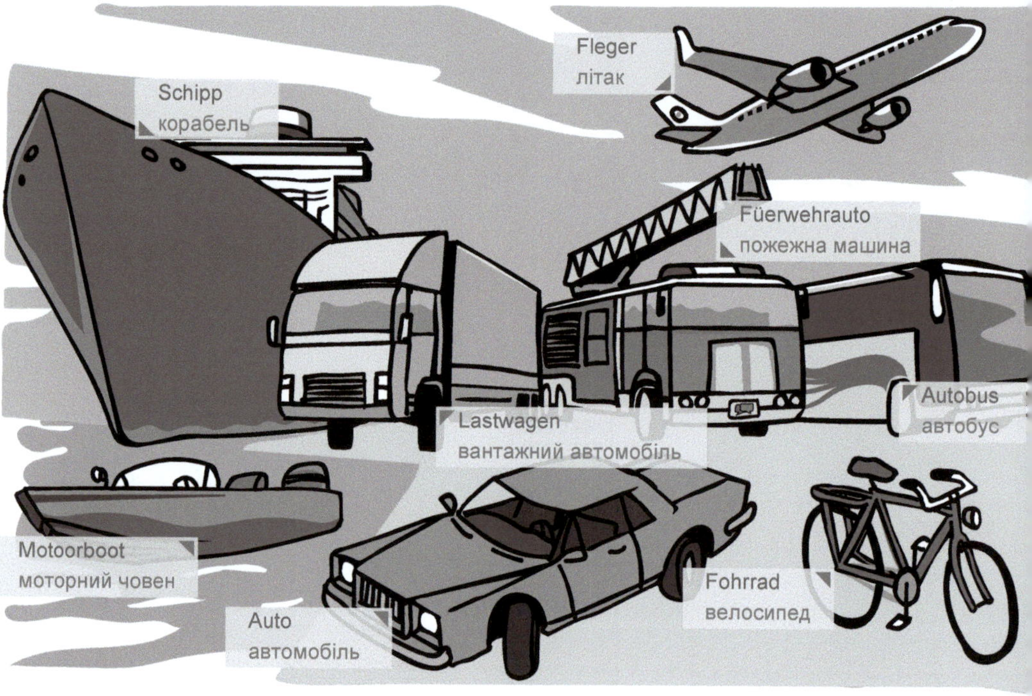

Fleger
літак
Schipp
корабель
Füerwehrauto
пожежна машина
Autobus
автобус
Lastwagen
вантажний автомобіль
Motoorboot
моторний човен
Fohrrad
велосипед
Auto
автомобіль

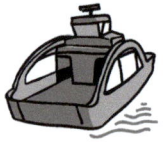

Fähr

пором

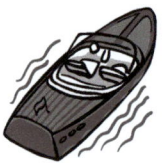

Boot

човен

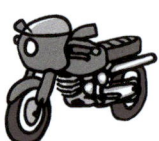

Motoorrad

мотоцикл

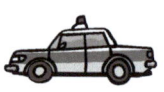

Polizeiauto

поліцейська машина

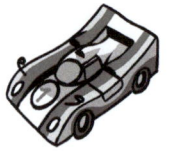

Rönnauto

гоночний автомобіль

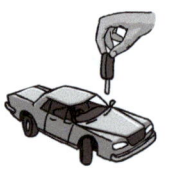

Lehnwagen

автомобіль на прокат

Carsharing

льне користування авто

Afsleepwagen

евакуатор

Müllauto

сміттєвоз

Motoor

двигун

Kraftstoff

паливо

Tanksteed

автозаправна станція

Verkehrsschild

дорожній знак

Verkehr

рух

Stau

затор

Afstellplatz

стоянка

Bahnhoff

вокзал

Sporen

рейки

Tog

потяг

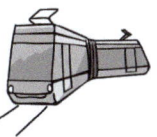

Stratenbahn

трамвай

Wagon

вагон

Dwarsmöhl

гелікоптер

Flooghaven

аеропорт

Tower

вежа

Fohrgast

пасажир

Grootkist

контейнер

Karton

коробка

Koor

візок

Korf

кошик

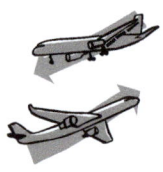

starten / lannen

стартувати / приземлятися

Stadt

місто

Dörp

село

Binnenstadt

центр міста

Huus

дім

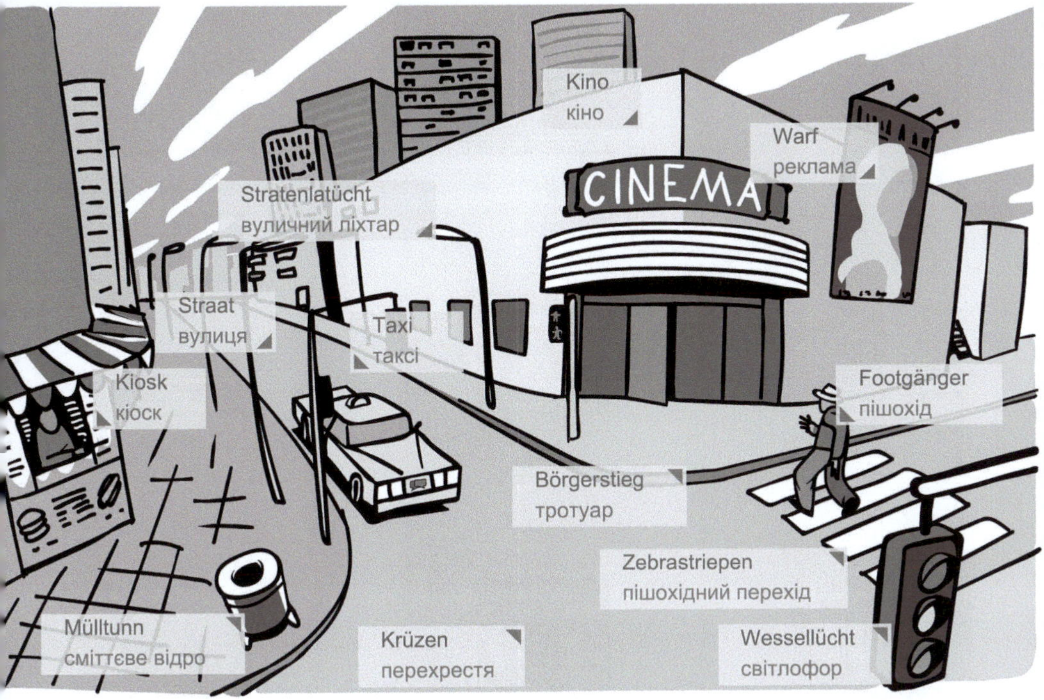

Kino
кіно

Warf
реклама

Stratenlatücht
вуличний ліхтар

CINEMA

Straat
вулиця

Taxi
таксі

Kiosk
кіоск

Footgänger
пішохід

Börgerstieg
тротуар

Zebrastriepen
пішохідний перехід

Mülltunn
сміттєве відро

Krüzen
перехрестя

Wessellücht
світлофор

Hütt

хатина

Wahnung

квартира

Bahnhoff

вокзал

Raathuus

ратуша

Museum

музей

School

школа

Universität

університет

Bank

банк

Krankenhuus

лікарня

Hotel

готель

Afteek

аптека

Büro

офіс

Bookhökerie

книжковий магазин

Hökerie

магазин

Blomenhökerie

квітковий магазин

Supermarkt

супермаркет

Markt

ринок

Koophuus

універмаг

Fischhökerie

торговець рибою

Inkoopszentrum

торговельний центр

Haven

гавань

Parkanlaag

парк

Bank

лава

Brüch

міст

Trepp

сходи

Ünnergrundbahn

метро

Tunnel

тунель

Busstoppsteed

автобусна зупинка

Bar

бар

Spieslokal

ресторан

Breefkassen

поштова скринька

Stratenschild

вулична табличка

Parkklock

лічильник паркування

Deertenpark

зоопарк

Baadanstalt

басейн

Moschee

мечеть

Buernhoff
....
ферма

Ümweltversmudden
....
забруднення
навколишнього
середовища

Karkhoff
....
кладовище

Kark
....
церква

Speelplatz
....
дитячий майданчик

Tempel
....
храм

Landschop
ландшафт

Blatt
листок

Wiespahl
вказівний стовп

Weg
шлях

Wisch
луг

Steen
камінь

Boom
дерево

Wannerer
мандрівник

Fluss
річка

Gras
трава

Bloom
квітка

Daal

долина

Barg

гора

See

озеро

Holt

ліс

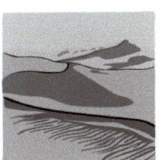

Wööst

пустеля

Füerspien Barg

вулкан

Slott

замок

Regenbagen

веселка

Poggenstohl

гриб

Palm

пальма

Steekmück

комар

Fleeg

муха

Miegeemk

мурашка

Imm

бджола

Spinn

павук

Sebber

жук

Pogg

жаба

Katteker

вивірка

Swienegel

їжак

Haas

заєць

Uul

сова

Vagel

птах

Swaan

лебідь

Wildswien

кабан

Hirsch

олень

Elk

лось

Staudamm

гребля

Windrad

вітряк

Solarmodul

сонячний модуль

Klima

клімат

Spieslokal

ресторан

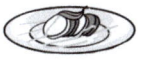

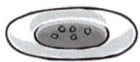

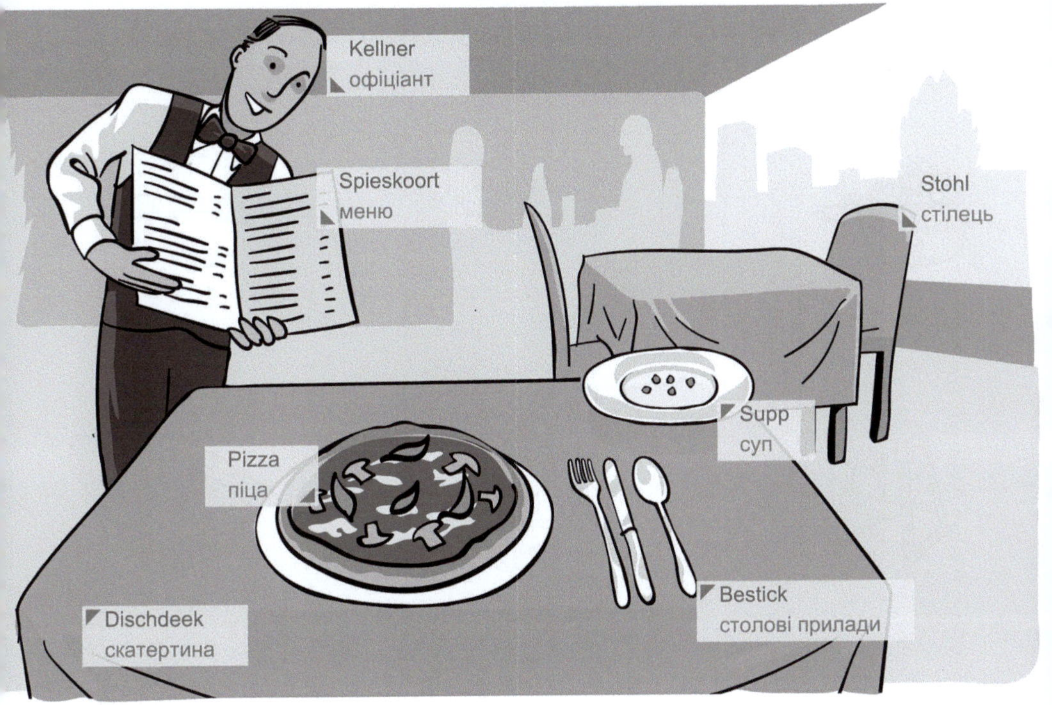

Kellner
офіціант
Spieskoort
меню
Stohl
стілець
Supp
суп
Pizza
піца
Bestick
столові прилади
Dischdeek
скатертина

Vörspies

закуска

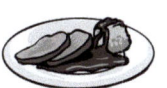

Haupteten

друга страва

Nadisch

десерт

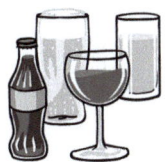

Drünk

напої

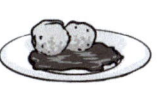

Eten

їжа

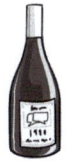

Buddel

пляшка

Fastfood

фаст-фуд

Strateneten

вулична їжа

Teekann

чайник

Zuckerdoos

цукорниця

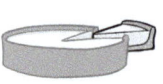

Portschoon

порція

Espressomaschien

еспресо-машина

Hoochstohl

високий стільчик

Reken

рахунок

Tablett

піднос

Mess

ніж

Gavel

вилка

Lepel

ложка

Teelepel

чайна ложка

Munddook

серветка

Glas

склянка

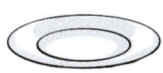

Töller

тарілка

Suppentöller

тарілка для супу

Ünnertass

блюдце

Sooß

соус

Soltstreuer

солонка

Pepermöhl

млин для перцю

Etig

оцет

Ööl

масло

Krüder

спеції

Ketchup

кетчуп

Mostrich

гірчиця

Mayonnaise

майонез

Supermarkt

супермаркет

Anbott
пропозиція
FOR
Kunn
клієнт
Melkprodukten
молочні продукти
Aaft
фрукти
Inkoopswagen
візок для покупок

BUTCHERS

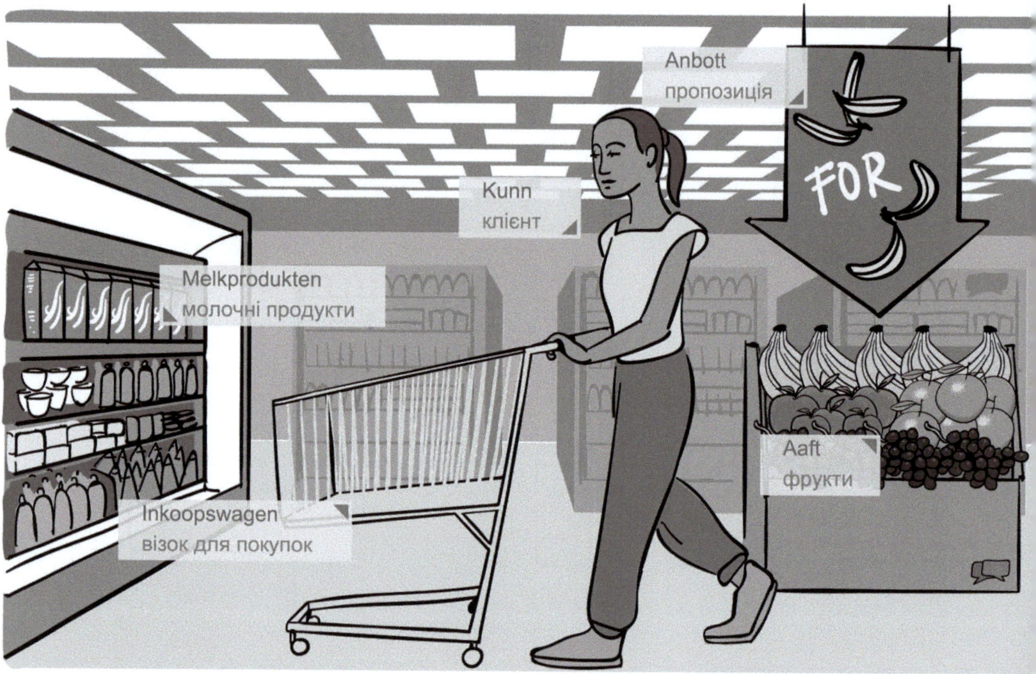

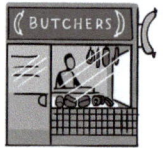

Slachterie

м'ясний магазин

BAKERY

Bäckerie

пекарня

wegen

зважувати

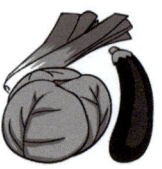

Gröönsaken

овочі

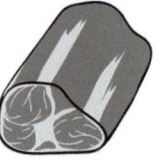

Fleesch

м'ясо

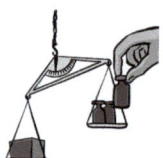

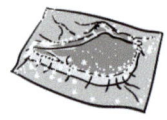

Deepköhlkost

заморожені продукти

Opsnitt

ковбасна нарізка

Konserven

консерви

Waschmiddel

пральний порошок

Snoopkraam

солодощі

Huushooltssaken

предмети домашнього побуту

Reinmaaktüüch

мийний засіб

Verköpersche

продавщиця

Kass

каса

Kasserer

касир

Inkoopslist

список покупок

Opsparrtieden

часи роботи

Breeftasch

гаманець

Kreditkoort

кредитна картка

Tasch

сумка

Plastiktüüt

поліетиленовий пакет

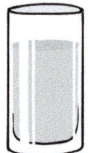

Water

вода

Saft

сік

Melk

молоко

Cola

кола

Wien

вино

Beer

пиво

Spriet

алкоголь

Kakao

какао

Tee

чай

Koffie

кава

Espresso

еспресо

Cappucino

капучіно

Banaan

банан

Appel

яблуко

Appelsien

апельсин

Meloon

кавун

Zitroon

лимон

Wöttel

морква

Knuuvlook

часник

Bambus

бамбук

Zibbel

цибуля

Poggenstohl

гриб

Nööt

горішки

Nudeln

локшина

Spaghetti

спагеті

Ries

рис

Salat

салат

Pommes frites

картопля фрі

Braadkantüffeln

смажена картопля

Pizza

піца

Hamborger

гамбургер

Sandwich

бутерброд

Snitzel

шніцель

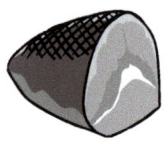

Schinken

шинка

Salami

салямі

Wust

ковбаса

Hohn

курка

Braden

печеня

Fisch

риба

Haverflocken

вівсяні пластівці

Müsli

мюслі

Cornflakes

кукурудзяні пластівці

Mehl

борошно

Croissant

круасан

Rundstück

булочка

Broot

хліб

Toast

тостовий хліб

Keksen

печиво

Botter

масло

Quark

сир

Koken

пиріг

Ei

яйце

Spegelei

яєчня

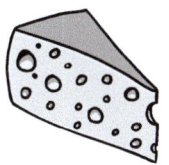

Kees

сир

Ies

морозиво

Zucker

цукор

Honnig

мед

Marmelaad

мармелад

Nougat-Creme

нуга-крем

Curry

карі

Buernhoff

ферма

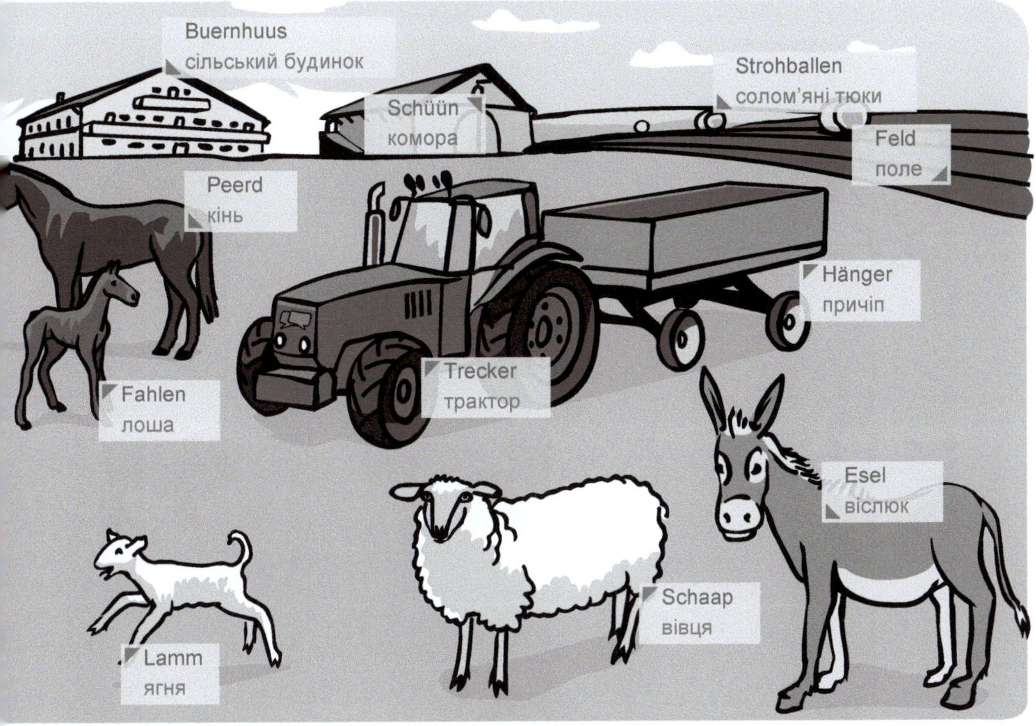

Buernhuus
сільський будинок
Schüün
комора
Strohballen
солом'яні тюки
Feld
поле
Peerd
кінь
Hänger
причіп
Trecker
трактор
Fahlen
лоша
Esel
віслюк
Schaap
вівця
Lamm
ягня

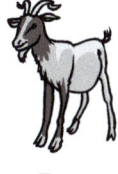

Zeeg

коза

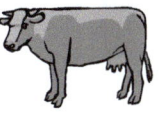

Koh

корова

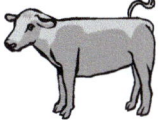

Kalf

теля

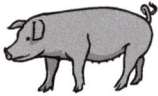

Swien

свиня

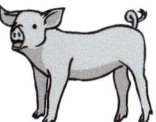

Farken

порося

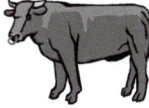

Bull

бик

Goos

гусак

Aant

качка

Küken

курча

Hohn

курка

Hahn

півень

Rott

щур

Katt

кіт

Muus

миша

Oss

віл

Hund

собака

Hunnenhütt

собача будка

Goornslauch

садовий шланг

Geetkann

лійка

Lee

коса

Ploog

плуг

Sich

серп

Hack

мотика

Mestfork

вила

Ext

сокира

Schuufkoor

тачка

Trog

корито

Melkkann

бідон молока

Sack

мішок

Tuun

паркан

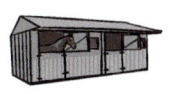

Stall

хлів

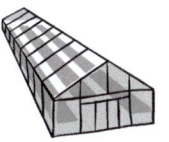

Drievhuus

теплиця

Bodden

ґрунт

Saat

насіння

Dünger

добриво

Meihdöscher

комбайн

oornen

пожинати

Oorn

урожай

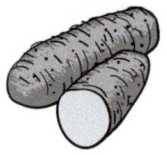

Yamswöttel

корінь ямсу

Weten

пшениця

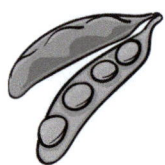

Soja

соя

Kantüffel

картопля

Törksche Weten

кукурудза

Rapp

ріпак

Aaftboom

плодове дерево

Troopsch Kantüffel

маніок

Koorn

злаки

Huus
дім

Schosteen
димохід
Dack
дах
Regenrönn
водостічний лоток
Finster
вікно
Garaasch
гараж
Döörklock
дзвінок
Döör
двері
Müllemmer
відро для сміття
Breefkassen
поштова скринька
Goorn
сад

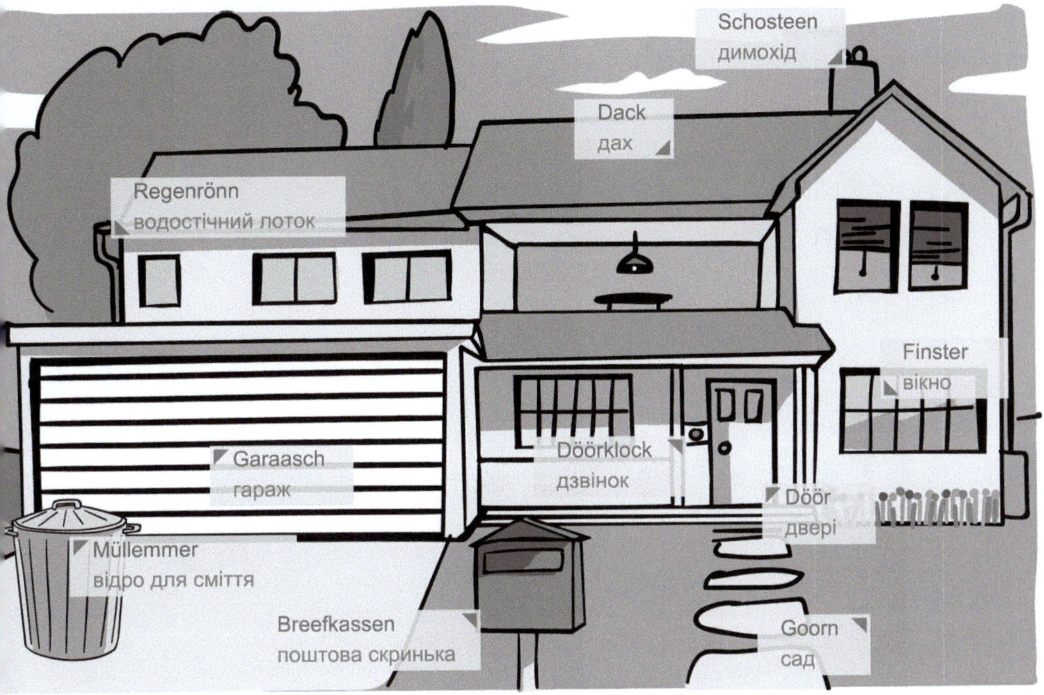

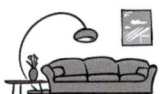

Wahnstuuv
....
вітальня

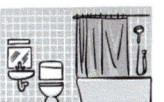

Baadstuuv
....
ванна кімната

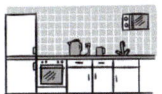

Köök
....
кухня

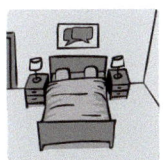

Slaapstuuv
....
спальня

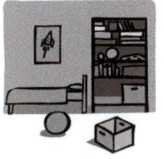

Kinnerstuuv
....
дитяча кімната

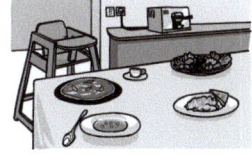

Eetstuuv
....
їдальня

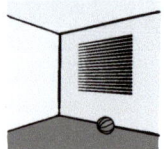

Footbodden

підлога

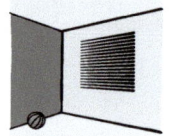

Wand

стіна

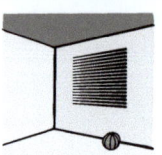

Deek

стеля

Keller

підвал

Hittluftbad

сауна

Balkon

балкон

Terrass

тераса

Swümmbad

басейн

Rasenmeiher

косарка

Bettbetog

простирало

Bettdeek

ковдра

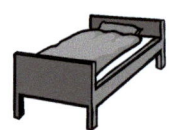

Puuch

ліжко

Bessen

мітла

Emmer

відро

Schalter

перемикач

Wahnstuuv

вітальня

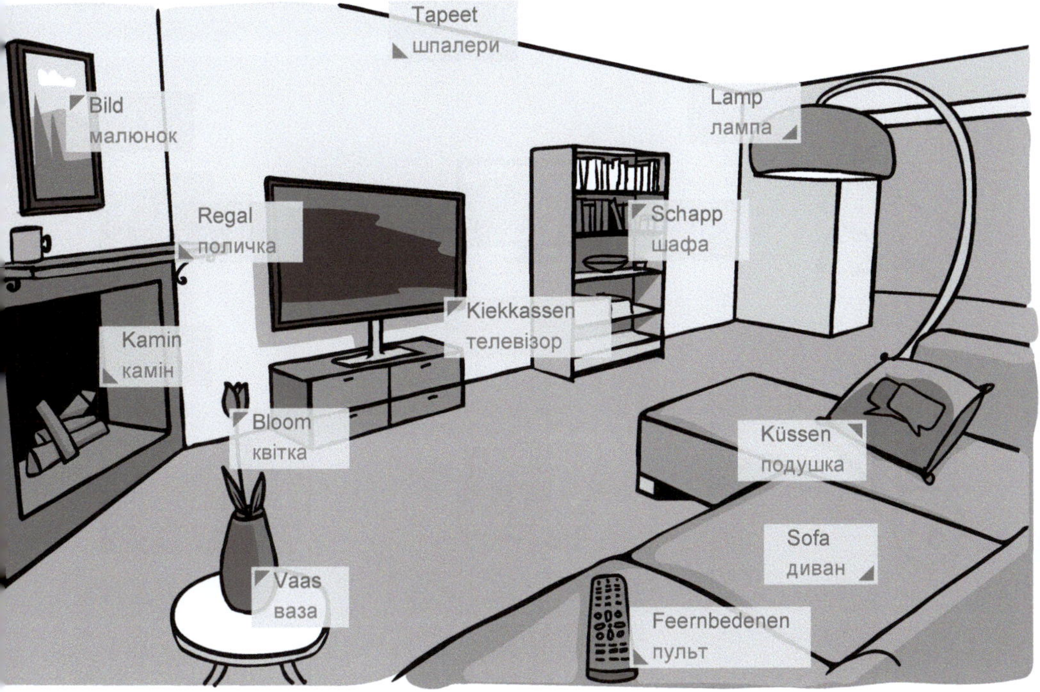

Tapeet
шпалери
Bild
малюнок
Lamp
лампа
Regal
поличка
Schapp
шафа
Kiekkassen
телевізор
Kamin
камін
Bloom
квітка
Küssen
подушка
Sofa
диван
Vaas
ваза
Feernbedenen
пульт

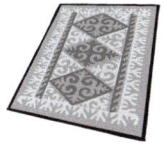

Teppich

килим

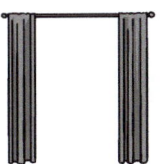

Vörhang

завіса

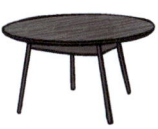

Disch

стіл

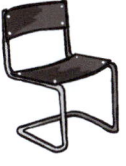

Stohl

стілець

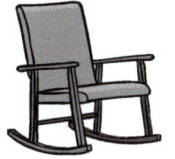

Schuckelstohl

крісло-гойдалка

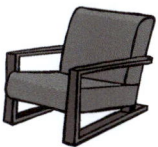

Sessel

крісло

Book

книга

Deek

ковдра

Dekoratschoon

прикраса

Füerholt

дрова

Film

фільм

Stereoanlaag

стереосистема

Slötel

ключ

Narichtenblatt

газета

Gemäldė

картина

Poster

плакат

Radio

радіо

Opschrievblock

блокнот

Huulbessen

пилосос

Kaktus

кактус

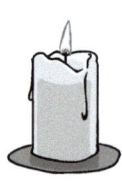

Kars

свічка

Köök
кухня

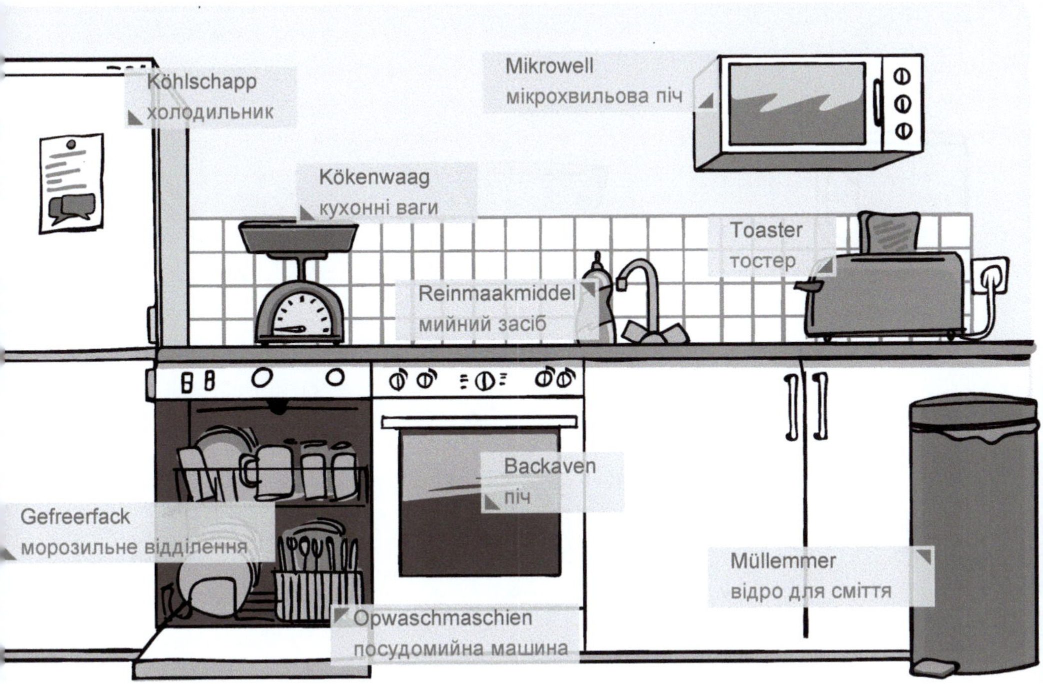

Köhlschapp
холодильник
Mikrowell
мікрохвильова піч
Kökenwaag
кухонні ваги
Toaster
тостер
Reinmaakmiddel
мийний засіб
Backaven
піч
Gefreerfack
морозильне відділення
Müllemmer
відро для сміття
Opwaschmaschien
посудомийна машина

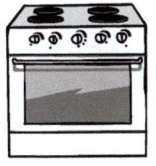

Heerd

плита

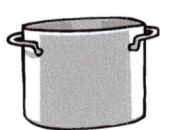

Pott

горщик

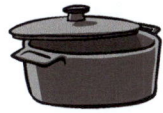

Gussiesern Putt

чавунний горщик

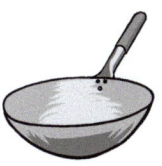

Wok / Kadai

вок / кадай

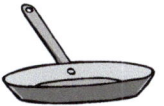

Pann

сковорода

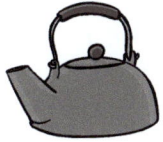

Waterkaker

чайник

Dampkaakputt

пароварка

Backblick

лист

Geschirr

посуд

Beker

кухоль

Schaal

чаша

Eetsticken

палички для їжі

Suppenkell

черпак

Pannenwenner

лопатка

Sneebessen

вінчик для збивання

Kaakseef

сито

Seef

сито

Riev

терка

Mörser

ступка

Grill

барбекю

Füerstell

багаття

Sniedbrett

дошка

Nudelholt

качалка

Proppentrecker

штопор

Doos

конзерва

Dosenaapner

відкривачка

Pottlappen

прихватки

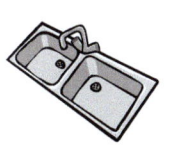

Waschbecken

раковина

Böst

щітка

Swamm

губка

Mixer

міксер

Iesschapp

морозильна камера

Nuckelbuddel

дитяча пляшка

Waterhahn

кран

Baadstuuv

ванна кімната

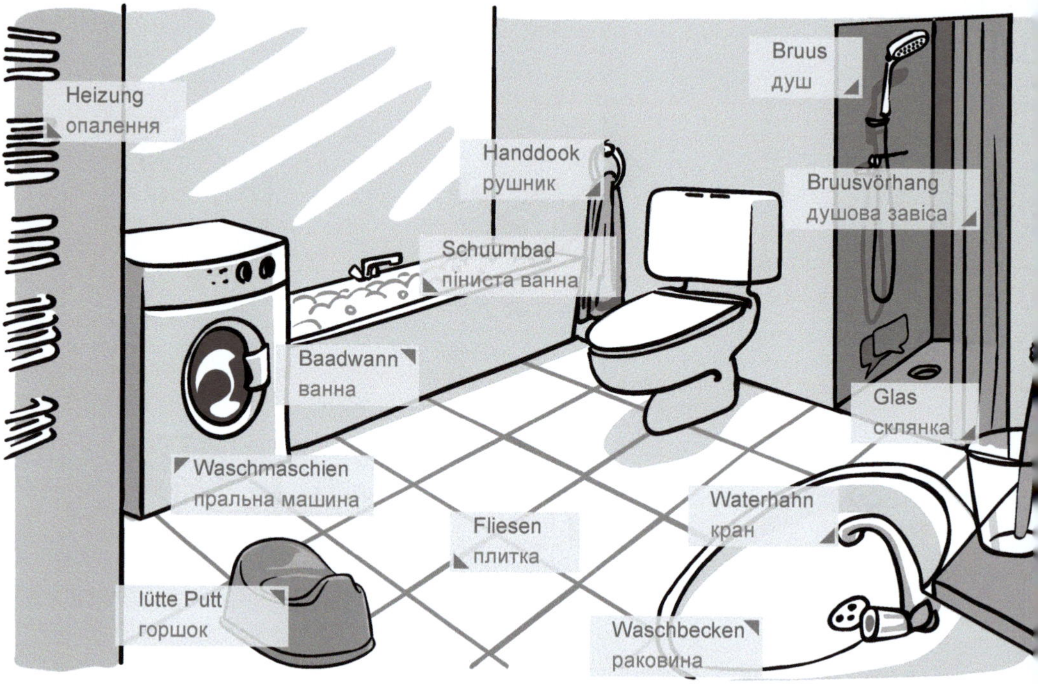

Heizung
опалення
Handdook
рушник
Bruus
душ
Bruusvörhang
душова завіса
Schuumbad
пініста ванна
Baadwann
ванна
Waschmaschien
пральна машина
Glas
склянка
Waterhahn
кран
Fliesen
плитка
lütte Putt
горшок
Waschbecken
раковина

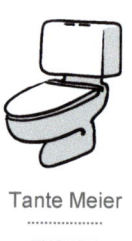

Tante Meier

туалет

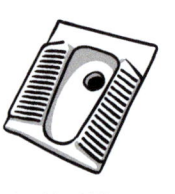

Hockklo

підлоговий туалет

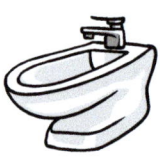

Bidet

біде

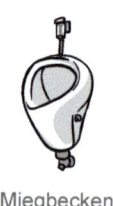

Miegbecken

пісуар

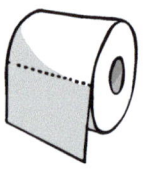

Klopapeer

туалетний папір

Klobööst

щітка для туалету

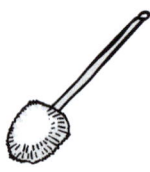

Tähnböst

зубна щітка

Tähnpast

зубна паста

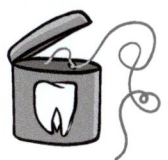

Tähnsied

нитка для чищення зубів

waschen

мити

Handbruus

ручний душ

Intimbruus

інтимний душ

Waschschöttel

таз

Rüchböst

щітка для спини

Seep

мило

Bruusgeel

гель для душу

Hoorwaschmiddel

шампунь

Waschlappen

мочалка

Afloop

водостік

Creme

крем

Deodorant

дезодорант

Spegel

дзеркало

Kosmetikspegel

косметичне дзеркало

Raserer

бритва

Raseerschuum

піна для гоління

Raseerwater

лосьйон після гоління

Kamm

гребінь

Böst

щітка

Hoordröger

фен

Hoorspray

лак для волосся

Smink

косметика

Lippensticken

губна помада

Nagellack

лак для нігтів

Watt

вата

Nagelscheer

ножиці для нігтів

Rüükwater

парфум

Kulturbüdel

косметичка

Schemel

табурет

Waag

ваги

Baadmantel

халат

Gummihanschen

гумові рукавички

Tampon

тампон

Damenbinn

гігієнічні прокладки

Chemieklo

біотуалет

Kinnerstuuv

дитяча кімната

Wecker
будильник
Knudeldeert
м'яка іграшка
Speeltüüchauto
іграшковий автомобіль
Klöter
брязкальце
Poppenhuus
ляльковий будиночок
Geschenk
подарунок

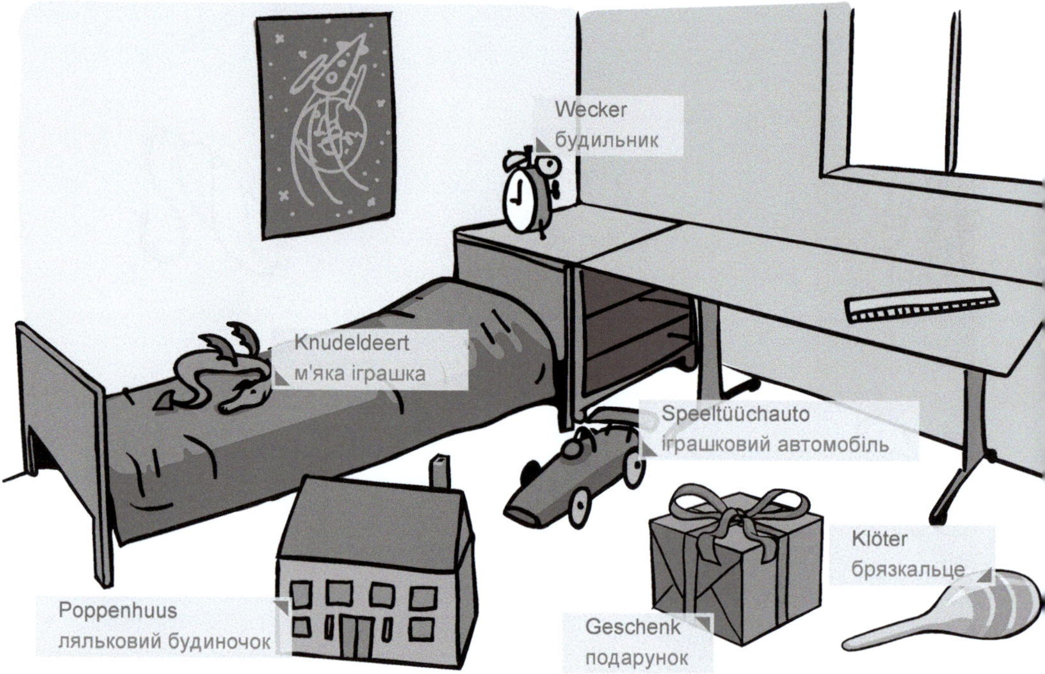

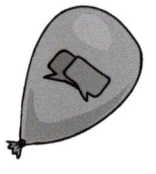

Luftballon

повітряна кулька

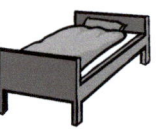

Puuch

ліжко

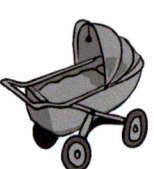

Kinnerwagen

дитячий візок

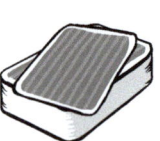

Koortenspeel

картярська гра

Puzzle

пазл

SUPER
MEGA

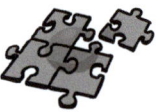

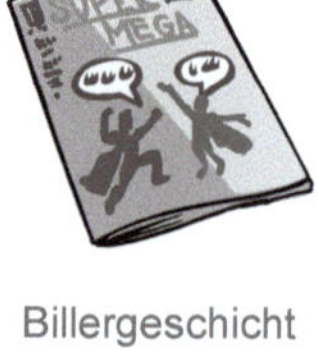

Billergeschicht

комікс

Legostenen

лего цеглинки

Bustenen

блоки

Action-Figur

іграшкова фігурка

Strampelantog

повзунки

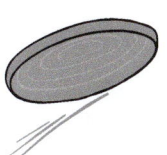

Frisbeeschiev

фризбі

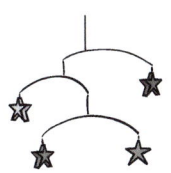

Mobile

мобіле

Brettspeel

настільна гра

Wörpel

кубик

Modelliesenbahn

модель залізнична станція

Snuller

соска

Party

вечірка

Billerbook

книжка з картинками

Ball

м'яч

Popp

лялька

spelen

грати

Sandkassen

пісочниця

Schuckel

гойдалка

Speeltüüch

іграшка

Speelkonsool

гральна консоль

Dreerad

триколісний велосипед

Teddyboor

плюшевий мішка

Klederschapp

шафа

Tüüch

одяг

Socken

шкарпетки

Strümp

панчохи

Strumpbüx

колготки

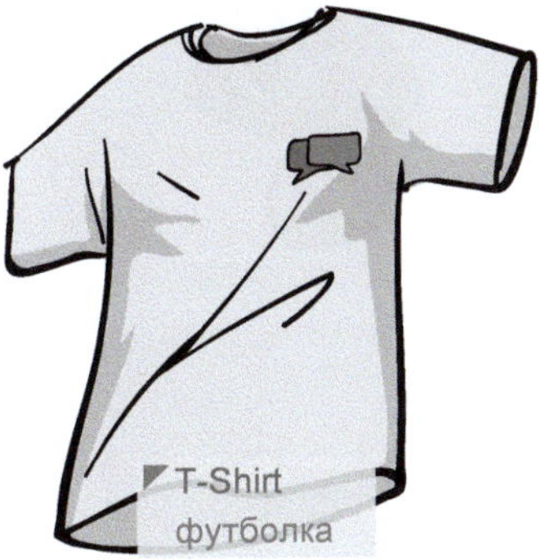

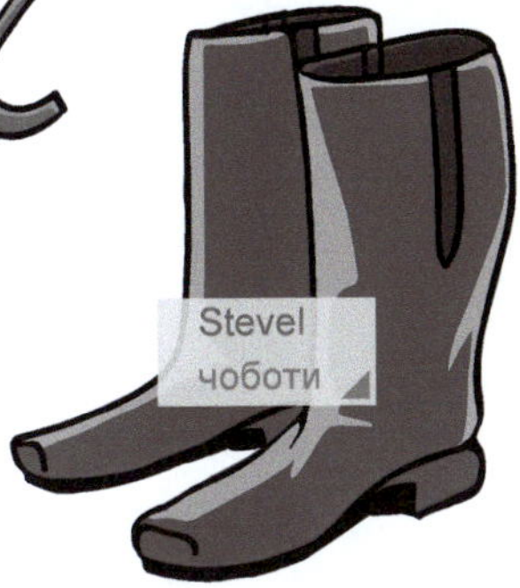

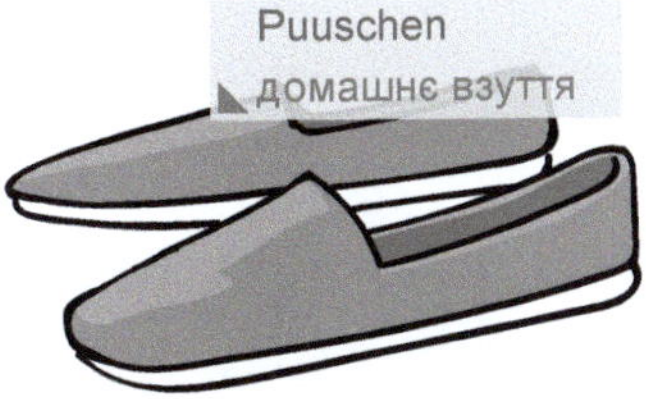

Halsdook
шарф

Liefreem
ремінь

Paraplü
парасоля

T-Shirt
футболка

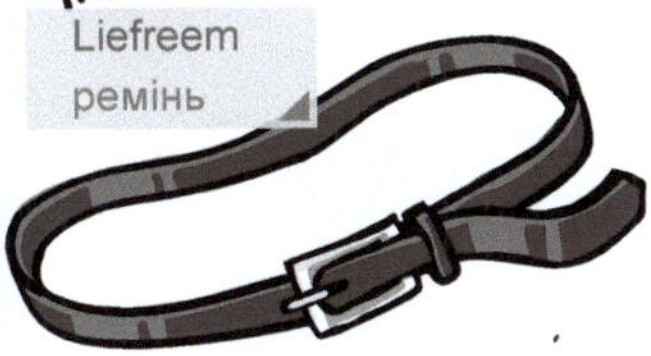

Stevel
чоботи

Puuschen
домашнє взуття

Turnschoh
кросівки

Sandalen

сандалі

Schoh

взуття

Gummistevel

гумові чоботи

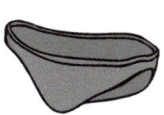

Ünnerbüx

труси

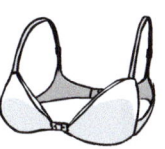

Bostholler

бюстгальтер

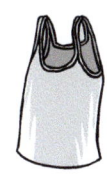

Ünnerhemd

нижня сорочка

Lief

боді

Büx

штани

Jeansnüx

джинси

Rock

спідниця

Bluus

блузка

Hemd

сорочка

Pullover

пуловер

Kapuzenpullover

светр

Blazer

піджак

Jack

куртка

Mantel

пальто

Övertrecker

дощовик

Kostüm

костюм

Kleed

сукня

Hochtietskleed

весільна сукня

Antog

костюм

Nachtkleed

нічна сорочка

Slaapantog

піжама

Sari

сарі

Koppdook

головна хустка

Turban

чалма

Burka

бурка

Kaftan

кафтан

Abaya

абая

Baadantog

купальник

Baadbüx

плавки

Korte Büx

шорти

Antog to'n Öven

тренувальний костюм

Schört

фартух

Handschoh

рукавички

Knopp

гудзик

Brill

окуляри

Armband

браслет

Halskeed

ланцюг

Ring

кільце

Ohrbummel

сережка

Mütz

шапка

Klederbögel

плічка

Hoot

капелюх

Binner

краватка

Rietslüter

застібка-блискавка

Helm

шолом

Drachtband

підтяжки

Schooluniform

шкільна форма

Uniform

уніформа

Severböten

нагрудник

Snuller

соска

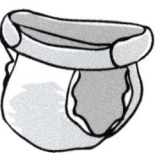

Winnel

підгузок

Büro

офіс

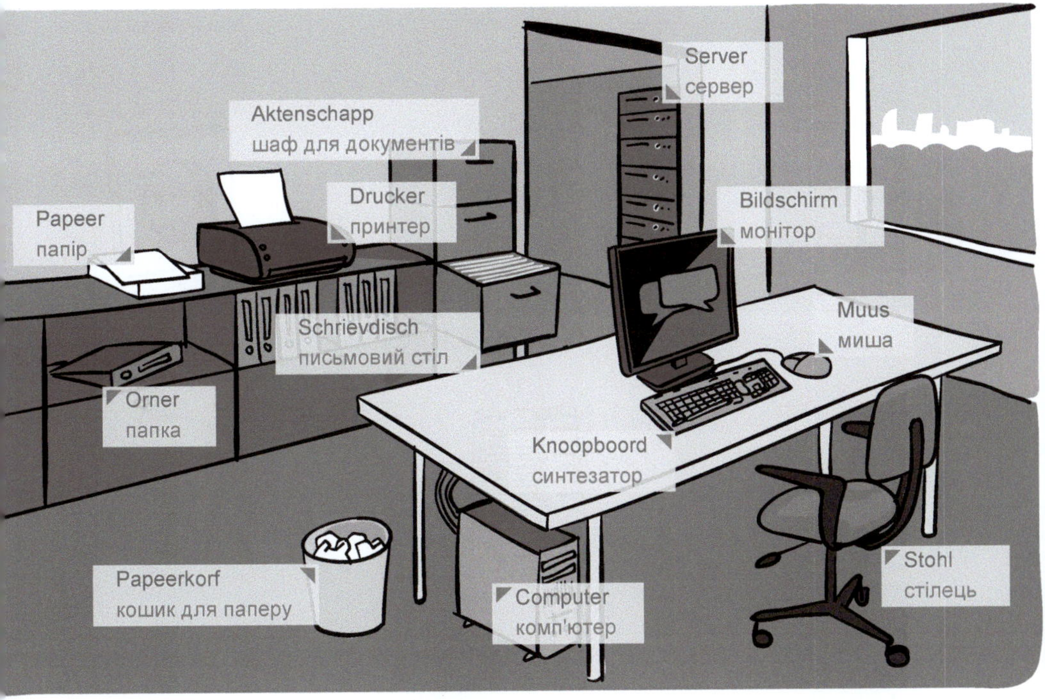

Server
сервер

Aktenschapp
шаф для документів

Drucker
принтер

Bildschirm
монітор

Papeer
папір

Muus
миша

Schrievdisch
письмовий стіл

Orner
папка

Knoopboord
синтезатор

Stohl
стілець

Papeerkorf
кошик для паперу

Computer
комп'ютер

Koffiebeker

кавовий кухоль

Taschenreekner

калькулятор

Internet

інтернет

Klappreekner

ноутбук

Breef

лист

Naricht

повідомлення

Ackersnacker

мобільний телефон

Nettwark

мережа

Kopeerapparat

копіювальний пристрій

Software

програмне забезпечення

Klöönkassen

телефон

Steekdoos

розетка

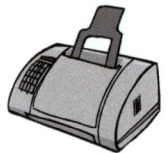

Faxapparat

факс

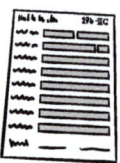

Formulor

бланк

Dokument

документ

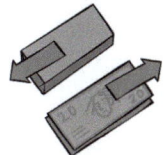

köpen

купувати

betahlen

платити

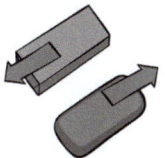

hanneln

торгувати

Geld

гроші

Dollar

долар

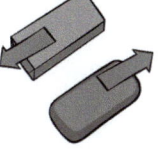

Euro

євро

Yen

ієна

Ruvel

рубль

Swiezer Franken

франк

Renminbi Yuan

юанів женьміньбі

Rupie

рупія

Geldautomat

банкомат

Wesselstuuv

обмінний пункт

Gold

золото

Sülver

срібло

Ööl

нафта

Energie

енергія

Pries

ціна

Verdrag

контракт

Stüer

податок

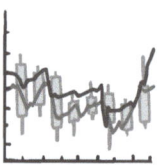

Andeelschien

акція

arbeiden

працювати

Anstellte

працівник

Arbeitgever

роботодавець

Fabrik

фабрика

Hökerie

магазин

Profeschonen

професії

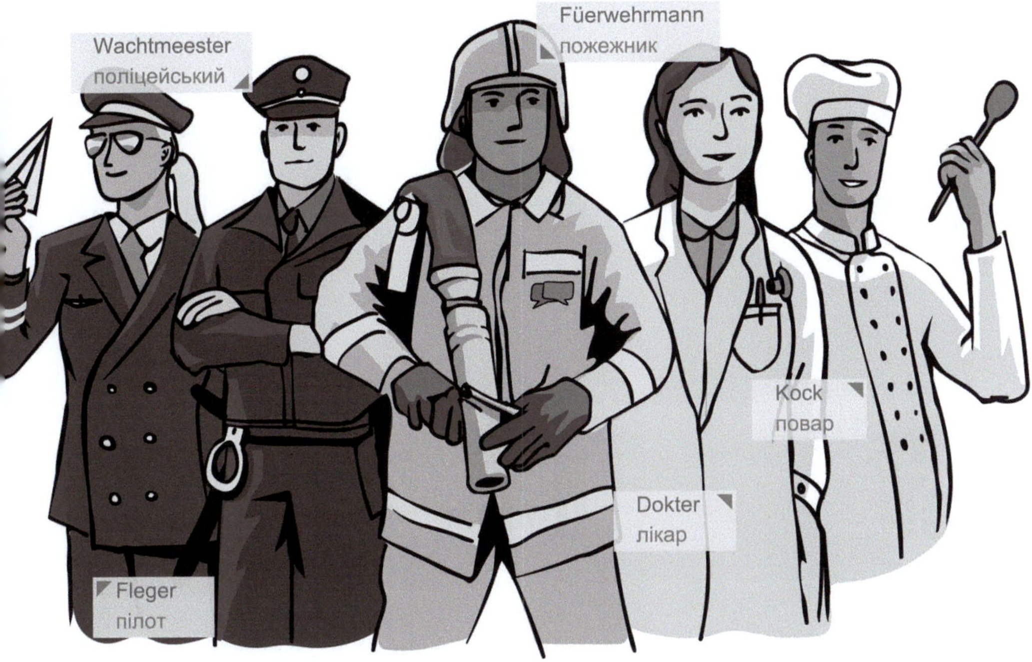

Wachtmeester
поліцейський
Füerwehrmann
пожежник
Kock
повар
Dokter
лікар
Fleger
пілот

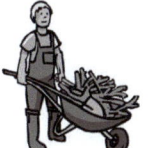

Goorner

садівник

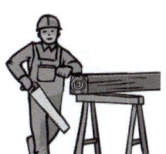

Discher

столяр

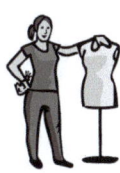

Neihersche

швачка

Richter

суддя

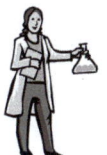

Chemiker

хімік

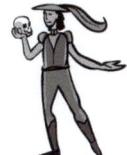

Schauspeler

актор

Busfohrer

водій автобуса

Taxifohrer

таксист

Fischer

рибалка

Reinmaakfru

прибиральниця

Dackdecker

покрівельник

Kellner

офіціант

Jäger

мисливець

Maler

художник

Bäcker

пекар

Elektriker

електрик

Buarbeider

будівельник

Ingenieur

інженер

Slachter

забійник

Klempner

бляхар

Postbüdel

листоноша

Suldat

солдат

Architekt

архітектор

Kasserer

касир

Florist

флорист

Putzbüdel

перукар

Schaffner

кондуктор

Mechaniker

механік

Kaptein

капітан

Tähndokter

дантист

Wetenschopler

вчений

Rabbi

рабин

Imam

імам

Mönk

монах

Paap

пастор

Profeschonen - професії

Warktüüch

інструменти

Hamer
молоток
Tang
щипці
Schruvendreiher
викрутка
Schruvenslötel
гайковий ключ
Taschenlamp
кишеньковий

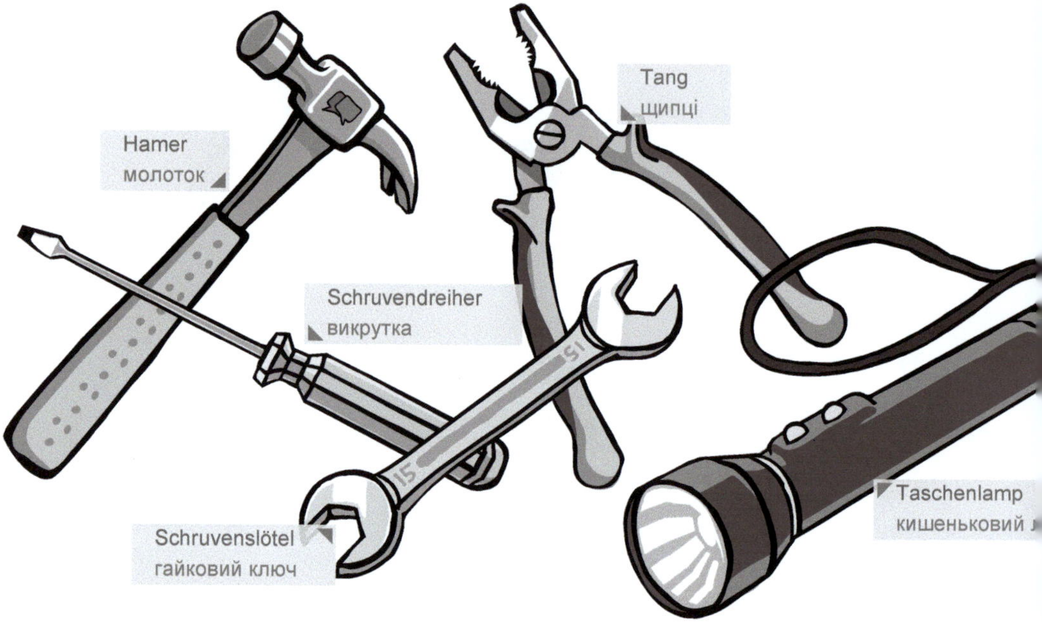

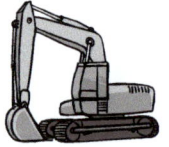

Grieper

екскаватор

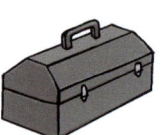

Warktüüchkassen

ящик для інструментів

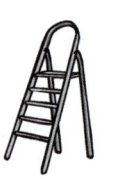

Ledder

драбина

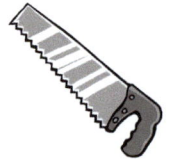

Saag

пилка

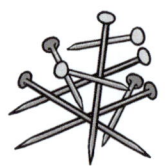

Nagels

цвяхи

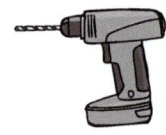

Bohrer

свердло

heelmaken

ремонтувати

Schüffel

лопата

Schiet!

лайно!

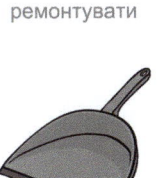

Kehrblick

совок

Farvpott

відро з фарбою

Schruven

гвинти

Musikinstrumenten
музичні інструменти

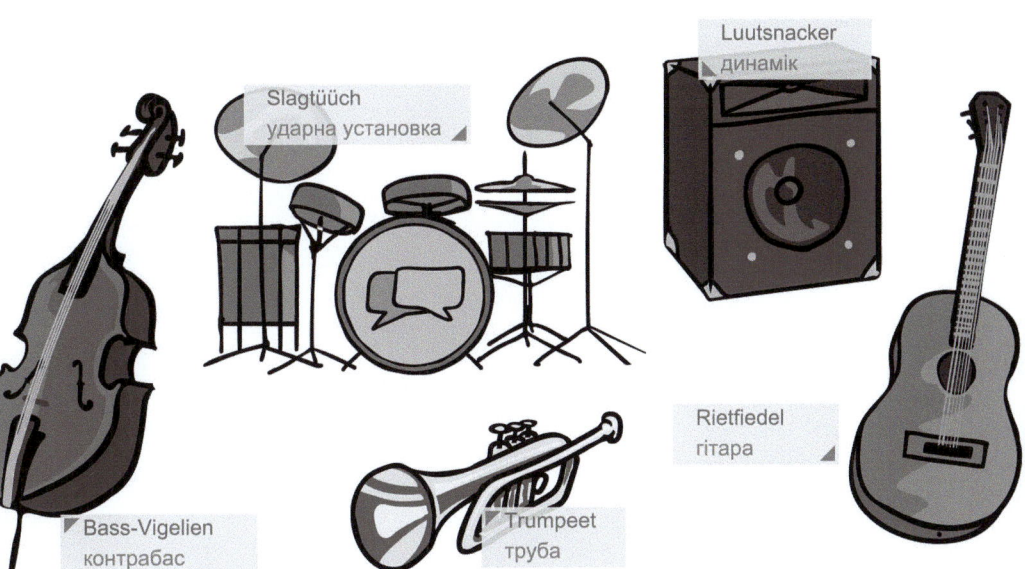

Slagtüüch — ударна установка

Luutsnacker — динамік

Bass-Vigelien — контрабас

Trumpeet — труба

Rietfiedel — гітара

Klaveer

фортепіано

Vigelien

скрипка

Bass

бас

Pauk

литаври

Trummeln

барабан

Keyboard

клавіатура

Saxophon

саксофон

Fleut

флейта

Mikrofoon

мікрофон

Deertenpark

зоопарк

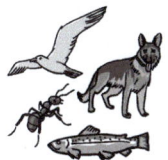

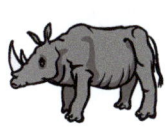

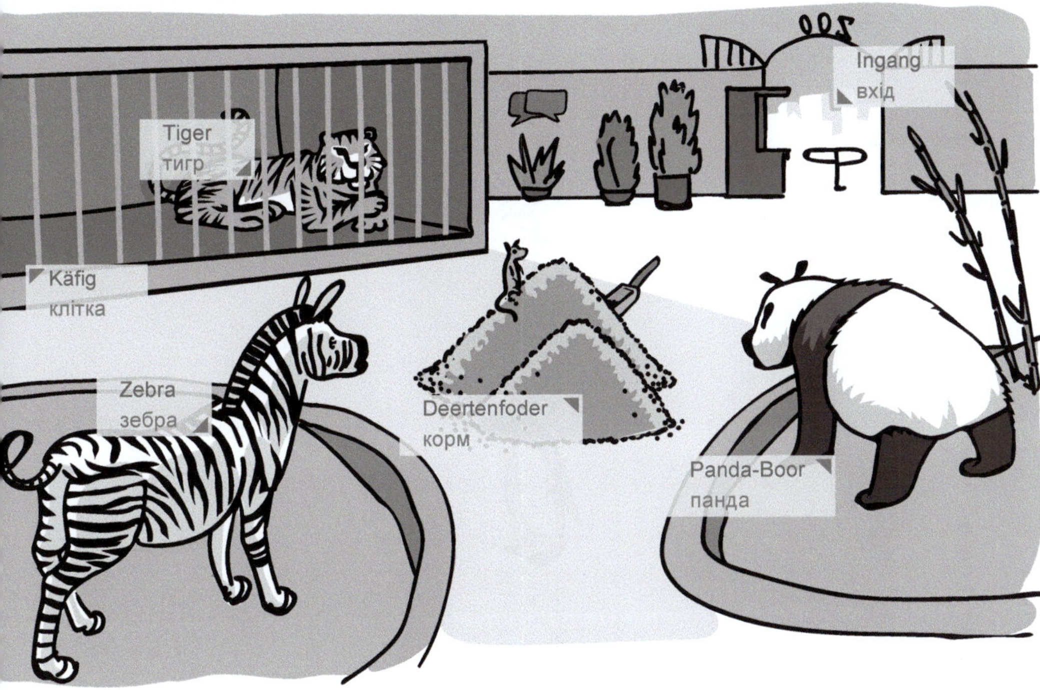

Ingang
вхід
Tiger
тигр
Käfig
клітка
Zebra
зебра
Deertenfoder
корм
Panda-Boor
панда

Deerten

тварини

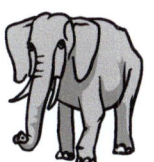

Elefant

слон

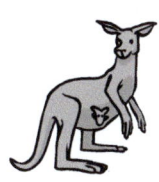

Känguru

кенгуру

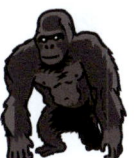

Neeshoorn

носоріг

Gorilla

горила

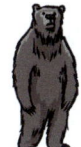

Boor

ведмідь

Kameel

верблюд

Struuß

страус

Lööv

лев

Aap

мавпа

Flamingo

фламінго

Papagoi

папуга

Iesboor

білий ведмідь

Pinguin

пінгвін

Haifisch

акула

Pageluun

павич

Slang

змія

Krokodil

крокодил

Oppasser in'n Deertenpark

працівник зоопарку

Saalhund

тюлень

Jaguor

ягуар

Pony

поні

Leopard

леопард

Nilpeerd

гіпопотам

Giraff

жираф

Aadler

орел

Wildswien

кабан

Fisch

риба

Schildkrööt

черепаха

Walross

морж

Voss

лисиця

Gazell

газель

Amerikaansch Football
американський футбол

Radfohren
їзда на велосипеді

Tennis
теніс

Korfball
баскетбол

Swümmen
плавання

Boxen
бокс

Ieshockey
хокей

Football
футбол

Fedderball
бадмінтон

Leichtathletik
легка атлетика

Handball
гандбол

Skilopen
лижні перегони

Polo
поло

lachen
сміятися

springen
стрибати

ümarmen
обіймати

gahn
йти

singen
співати

drömen
мріяти

beden
молитися

snuteln
цілувати

schrieven

писати

teken

малювати

wiesen

показувати

drücken

тиснути

geven

давати

nehmen

брати

hebben

мати

doon

робити

sien

бути

stahn

стояти

lopen

бігати

trecken

тягнути

smieten

кидати

fallen

падати

liggen

лежати

töven

очікувати

dregen

носити

sitten

сидіти

antrecken

одягати

slapen

спати

opwaken

просипатися

ankieken

дивитися

wenen

плакати

eien

гладити

kämmen

розчісувати

snacken

розмовляти

verstahn

розуміти

fragen

питати

hören

слухати

drinken

пити

eten

їсти

oprümen

прибирати

leefhebben

любити

kaken

варити

fohren

їхати

flegen

літати

segeln
йти під вітрилом

reken
рахувати

lesen
читати

lehren
вчитися

arbeiden
працювати

de Plünnen tohoopsmieten
одружуватися

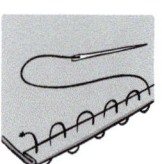

neihen
шити

Tähnen putzen
чистити зуби

dootmaken
убивати

smöken
курити

schicken
посилати

Grootmoder
бабуся

Grootvadder
дідуся

Vadder
батько

Moder
мати

Winnelkind
немовля

Dochter
донька

Söhn
син

Gast

гість

Tant

тітка

Unkel

дядько

Broder

брат

Süster

сестра

Familje - сім'я

Lief

тіло

Vörkopp
чоло
Oog
око
Schuller
плече
Finger
палець
Gesicht
обличчя
Kinn
підборіддя
Hand
кисть
Been
нога
Bost
груди
Arm
рука

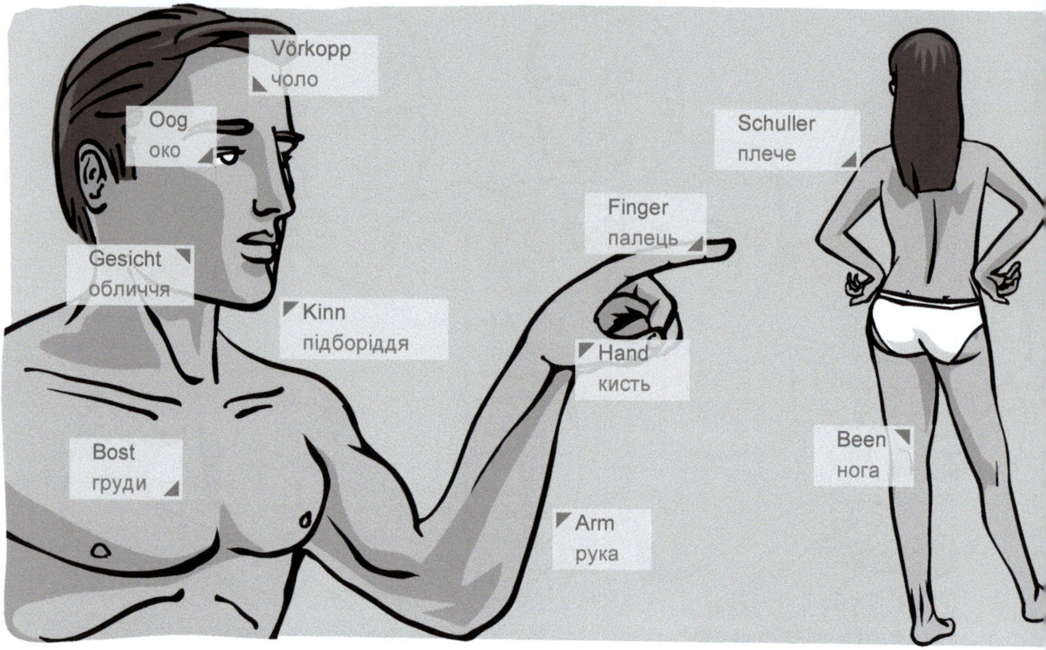

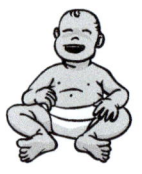

Winnelkind

немовля

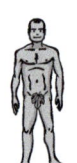

Mann

чоловік

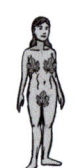

Fro

жінка

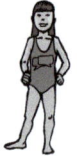

Deern

дівчина

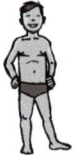

Jung

хлопчик

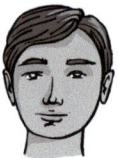

Arm

голова

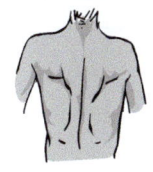

Rüch

спина

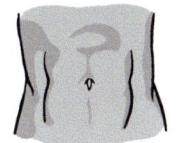

Buuk

живіт

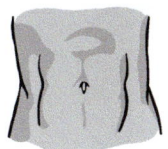

Navel

пуп

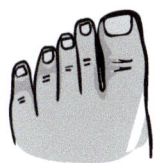

Teh

палець ноги

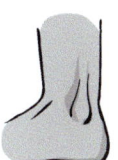

Hack

п'ята

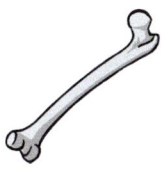

Knaken

кістка

Hüft

стегно

Knee

коліно

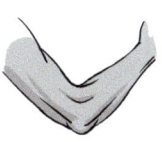

Ellbagen

лікоть

Nees

ніс

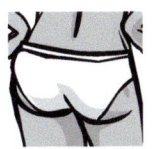

Achtersen

сідниці

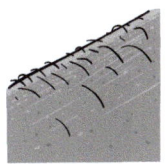

Huut

шкіра

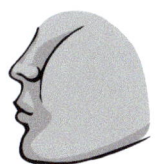

Back

щока

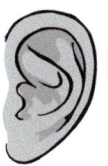

Ohr

вухо

Lipp

губа

Mund

рот

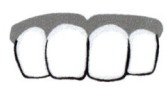

Tähn

зуб

Tung

язик

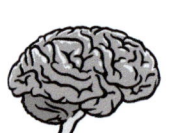

Bregen

мозок

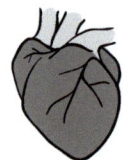

Hart

серце

Muskel

м'яз

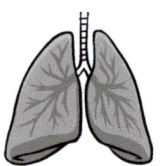

Lung

легені

Lever

печінка

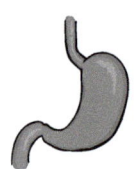

Maag

шлунок

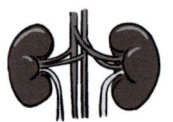

Neren

нирки

Bislaap

статевий акт

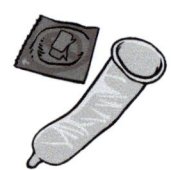

Kondoom

презерватив

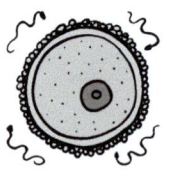

Eizell

яйцеклітина

Sperma

сперма

Anner Ümstänn

вагітність

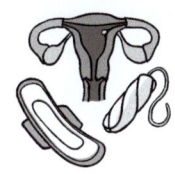

Menstruatschoon

менструація

Scheed

вагіна

Pint

пеніс

Ogenbroe

брова

Hoor

волосся

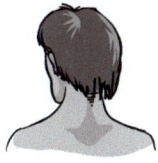

Hals

шия

Krankenhuus

лікарня

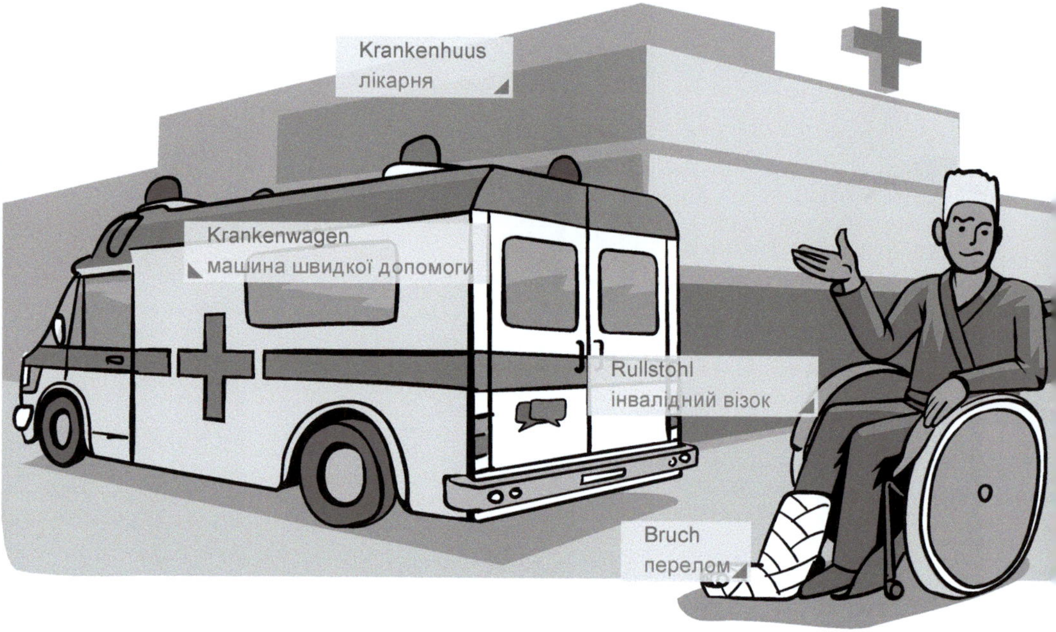

Krankenhuus
лікарня
Krankenwagen
машина швидкої допомоги
Rullstohl
інвалідний візок
Bruch
перелом

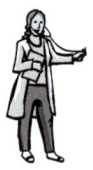

Dokter

лікар

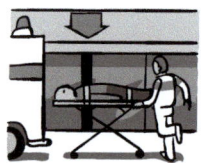

Nootopnahm

відділення швидкої медичної допомоги

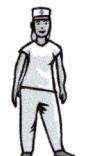

Krankensüster

медсестра

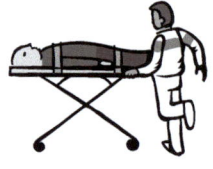

Nootfall

аварійний випадок

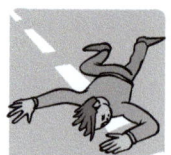

ahnmächtig

непритомний

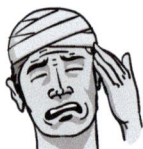

Wehdaag

біль

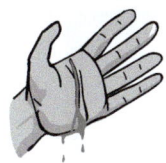

Verwunnen

травма

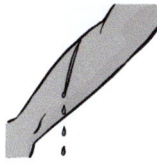

Blöden

кровотеча

Hartinfarkt

інфаркт

Slaganfall

інсульт

Allergie

алергія

Hoosten

кашель

Fever

лихоманка

Gripp

грип

Dörchfall

пронос

Koppwehdaag

головна біль

Kreeft

рак

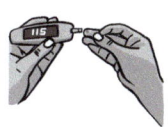

Zuckersüük

діабет

Chirurg

хірург

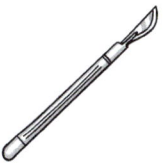

Chirurgsch Mess

скальпель

Operatschoon

операція

Krankenhuus - лікарня

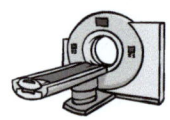

CT

КТ

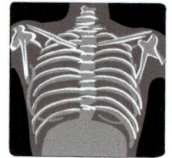

Dörchlüchten

рентген

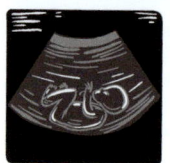

Ultraschall

ультразвук

Mask

маска

Krankheit

хвороба

Töövruum

зал очікування

Krück

милиця

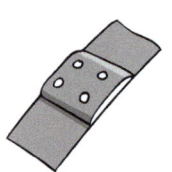

Plaaster

пластир

Verband

пов'язка

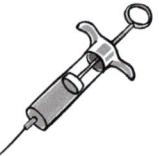

Insprütten

ін'єкція

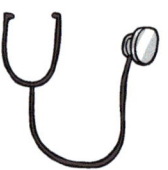

Stethoskop

стетоскоп

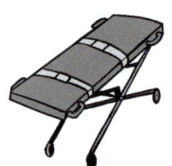

Draag

ноші

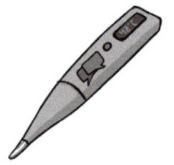

Feverthermometer

термометр

Geboort

народження

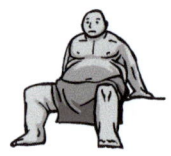

Övergewicht

надмірна вага

Höörapparat

слуховий апарат

Kiemfriemiddel

дезінфікуючий засіб

Ansteken

інфекція

Virus

вірус

HIV / AIDS

ВІЛ / СНІД

Heelmiddel

медицина

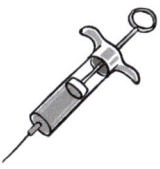

Impen

вакцинація

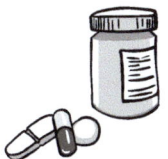

Tabletten

таблетки

Pill

протизаплідна пігулка

Nootroop

екстрений виклик

Blootdruck-Meter

тонометр

krank / gesund

хворий / здоровий

Hölp!

Допоможіть!

Alarm

сигнал тривоги

Överfall

напад

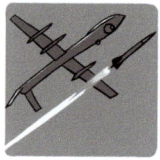

Angreep

атака

Gefohr

небезпека

Nootutgang

аварійний вихід

Füer!

Вогонь!

Füerlöscher

вогнегасник

Unfall

аварія

Noothölpkoffer

аптечка

SOS

СОС

Polizei

поліція

Europa

Європа

Noordamerika

Північна Америка

Süüdamerika

Південна Америка

Afrika

Африка

Asien

Азія

Australien

Австралія

Atlantik

Атлантика

Pazifik

Тихий океан

Indisch Weltmeer

Індійський океан

Antarktisch Weltmeer

Антарктичний океан

Arktisch Weltmeer

Північний Льодовитий океан

Noordpol

Північний полюс

Süüdpol

Південний полюс

Antarktis

Антарктика

Eerd

Земля

Land

суша

See

море

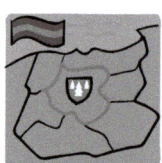

Eiland

острів

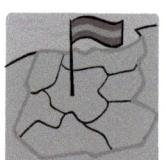

Natschoon

нація

Staat

держава

Tallenblatt

циферблат

Stunnenwieser

годинникова стрілка

Minutenwieser

хвилинна стрілка

Sekunnenwieser

секундна стрілка

Wo laat is dat?

Котра година?

Dag

день

Tiet

час

nu

зараз

digetaalsch Klock

цифровий годинник

Minuut

хвилина

Stunn

година

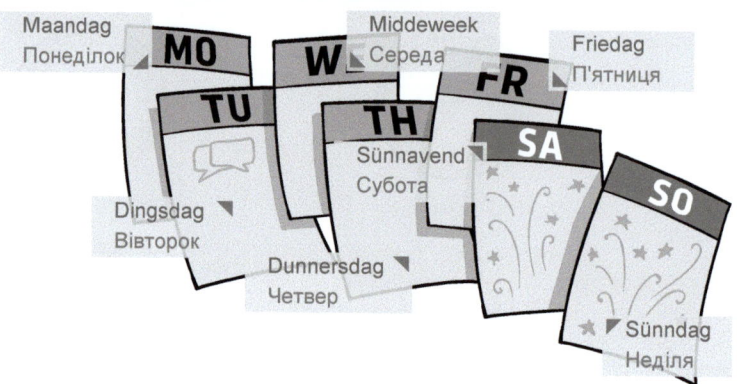

Maandag
Понеділок

Middeweek
Середа

Friedag
П'ятниця

Dingsdag
Вівторок

Dunnersdag
Четвер

Sünnavend
Субота

Sünndag
Неділя

güstern

вчора

hüüt

сьогодні

morgen

завтра

Morgen

ранок

Meddag

опівдні

Avend

вечір

Arbeitsdaag

робочі дні

Wekenenn

кінець робочого тижня

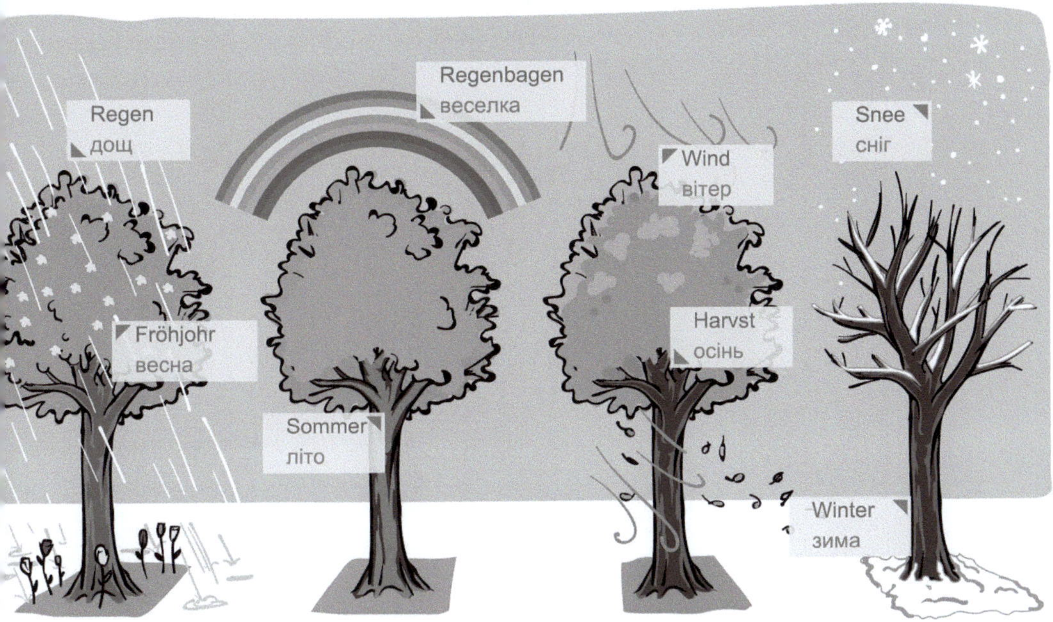

Regen
дощ
Regenbagen
веселка
Snee
сніг
Wind
вітер
Fröhjohr
весна
Harvst
осінь
Sommer
літо
Winter
зима

4.APRIL 11°
5.APRIL 4°
6.APRIL 13°
7.APRIL 8°
8.APRIL 10°

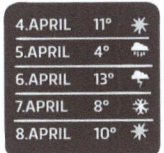

Wedervörhersaag

прогноз погоди

F
C
120
90
60
30
0
-30
40
30
20
10
0
-10
-20

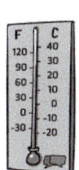

Thermometer

термометр

Sünnenschien

сонячне світло

Wulk

хмара

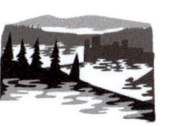

Nevel

туман

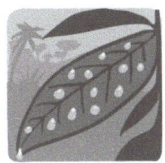

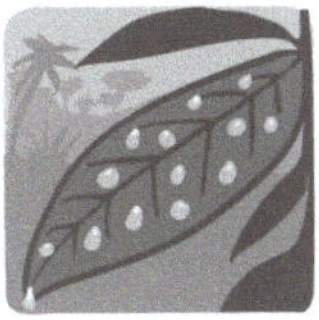

Luftfuchtigkeit

вологість повітря

Blitz

блискавка

Dunner

грім

Storm

шторм

Hagel

град

Monsun

мусон

Floot

повінь

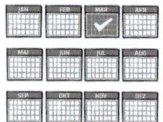

Ies

лід

Januormaand

Січень

Februormaand

Лютий

Martmaand

Березень

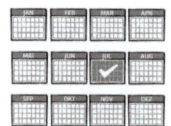

Aprilmaand

Квітень

Maimaand

Травень

Junimaand

Червень

Julimaand

Липень

Augustmaand

Серпень

Septembermaand

Вересень

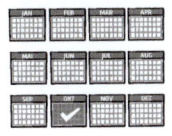

Oktobermaand

Жовтень

Novembermaand

Листопад

Dezembermaand

Грудень

Formen
форми

Krink

круг

Quadrat

квадрат

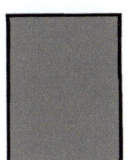

Rechteck

прямокутник

Dreeeck

трикутник

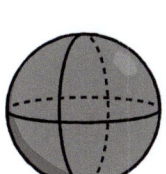

Kugel

куля

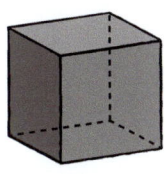

Wörpel

куб

witt

білий

geel

жовтий

orangsch

помаранчевий

pink

рожевий

root

червоний

lila

фіолетовий

blau

синій

gröön

зелений

bruun

коричневий

gries

сірий

swart

чорний

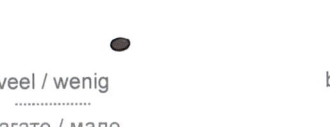

veel / wenig

багато / мало

böös / verdreeglich

лютий / мирний

smuck / mies

гарний / бридкий

Begünn / Enn

початок / кінець

groot / lütt

великий / малий

hell / düüster

світлий / темний

Broder / Süster

брат / сестра

schier / schietig

чистий / брудний

kumpleet / nich kumpleet

завершений /
незавершений

Dag / Nacht

день / ніч

doot / lebennig

мертвий / живий

breet / small

широкий / вузький

geneetbor / nich geneetbor

їстівний / неїстівний

böös / fründlich

злий / дружній

fickerig / langwielt

збуджений / нудьгуючий

dick / dünn

товстий / тонкий

toeerst / toletzt

спочатку / востаннє

Fründ / Fiend

друг / ворог

vull / leddig

повний / порожній

hart / week

жорсткий / м'який

swoor / licht

важкий / легкий

Smacht / Döst

голод / спрага

krank / gesund

хворий / здоровий

nich na't Recht / na't Recht

незаконний / законний

klook / dummerhaftig

розумний / дурний

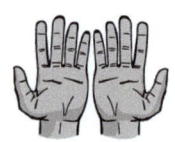

linkerhand / rechterhand

вліво / вправо

neeg / feern

поруч / далеко

nieg / bruukt

новий / використаний

nix / wat

нічого / щось

oolt / jung

старий / молодий

an / ut

вкл / викл

apen / slaten

відкрито / закрито

lies / luut

тихо / гучно

riek / arm

багатий / бідний

richtig / verkehrt

правильно / неправильно

ruug / glatt

шорсткий / гладкий

trurig / glücklich

сумний / щасливий

kort / lang

короткий / довгий

suutje / flink

повільно / швидко

natt / dröög

вологий / сухий

warm / köhl

гарячий / холодний

Krieg / Freden

війна / мир

0

null

нуль

1

een

один

2

twee

два

3

dree

три

4

veer

чотири

5

fief

п'ять

6

söss

шість

7

söven

сім

8

acht

вісім

9

negen

дев'ять

10

teihn

десять

11

ölven

одинадцять

12

twölf
дванадцять

13

dörteihn
тринадцять

14

veerteihn
чотирнадцять

15

föffteihn
п'ятнадцять

16

sössteihn
шістнадцять

17

söventeihn
сімнадцять

18

achtteihn
вісімнадцять

19

negenteihn
дев'ятнадцять

20

twintig
двадцять

100

hunnert
сто

1.000

dusend
тисяча

1.000.000

million
мільйон

Engelsch

англійська

Amerikaansch Engelsch

американська англійська

Chineesch Mandarin

китайська
високочиновницька

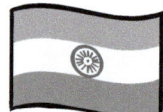

Hindi

хінді

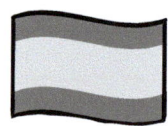

Spaansch

іспанська

Franzöösch

французька

Araabsch

арабська

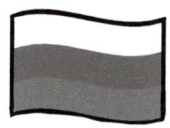

Rusch

російська

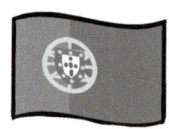

Portugiesch

португальська

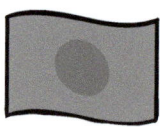

Bengaalsch

бенгальська

Düütsch

німецька

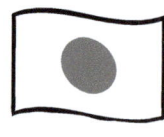

Japaansch

японська

ik

я

du

ти

♂ ♀ ○

he / se / dat

він / вона / воно

wi

ми

ji

ви

se

вони

keen?

хто?

wat?

що?

woans?

як?

woneem?

де?

wannehr?

коли?

Naam

ім'я

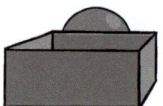

achter

ззаду

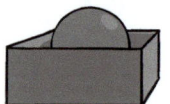

in

в

vör

перед

över

над

op

на

ünner

під

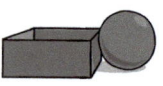

blangen

біля

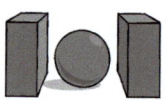

twüschen

між

Oort

місце